ESPEJOS

ƎSPEJOS

Gio Aguiló

© Obra: ESPEJOS
Primera edición: Junio, 2025
© Autora: GIO AGUILÓ
ISBN: 978-84-10041-52-3
Depósito Legal: M-12899-2025

Director de la colección: Antonio Portillo Casado

Dibujo de cubierta: Donato Gianquitto
Diseño de cubierta: Graphic López

© Editado por ACCI ediciones // www.acciediciones.com
Gestión, promoción y distribución: Grupo Editor Vision Net S.L.
C./ San Ildefonso 17, local, 28012 Madrid. España.
Tlf: 0034 91 3117696 // Email: pedidos@visionnet-libros.com

Disponible en librerías físicas y online.

Dedicado a todos los espejos que han inspirado este pequeño librito al devolverme su reflejo, especialmente a los trabajadores realmente esenciales, todos ellos y de todas las categorías, a mis compañeros sanitarios, a los científicos y a nuestros pacientes, tanto a los supervivientes como a los guardados en nuestra memoria para siempre.

"Un soneto me manda hacer Violante", unas palabras para Gio antes de las suyas, de sus potentes canciones.

Yo que soy más de verborrea me acerco a sus Espejos y cuando leo su dedicatoria solo pido: Déjame entrar.

Inside, outside, el desfile de protagonistas se apropia de las sombras del olvido: ¿cómo es posible hablar ya de memoria, si todo fue anteayer?

No hay nada más viejo que el periódico que envuelve un bocadillo (ahora reconvertido en papel albal).

Se alegrarán de saber que sus dolores y angustias no van al contenedor (al vacío quiero decir).

Les reconfortará que una pluma ponga la fuerza de la ira en palabras de poemas.

Así como los espejos nos devuelven imágenes vivas, necesitamos voces que clamen en el desierto de los bárbaros...

Amparo Pardo
Enfermera

Acercamiento al poemario "Espejos" de Gio Aguiló

Gio Aguiló es enfermera y poeta. Con ello se inscribe en una tradición que va de Pío Baroja a Luis Martín Santos o al francés Céline, que, a su saber científico de médicos, añadieron su pasión por la literatura, pues todos ellos fueron escritores a quienes su experiencia como médicos sirvió infinitamente para conocer mejor al hombre y su condición de animal enfermo.

Albert Camus que ensalzó en su libro, "La Peste", al doctor Rieux, su protagonista, deseaba que todos los hombres fueran médicos; por algo sería. Pero las enfermeras le parecían a otro médico letrado, Gregorio Marañón, aún más cercanas e importantes para el hombre hundido en la enfermedad.

Marañón decía que nada es comparable en medicina a una falda de enfermera que merodea en torno a la cama de un paciente. También hay que decir que la enfermera muy a menudo es madre y ha lidiado con las enfermedades de sus hijos, por lo tanto es casi siempre una persona avezada. El enfermo lo nota y pone en ella su confianza, se desinhibe y se entrega.

Si además la enfermera es poeta, es decir, capaz de ver, con su honda sensibilidad y su aguda percepción, en ese rostro humano hundido en su lecho de dolor, lo que podríamos llamar lo invisible, lo apenas perceptible para otros ojos con menos capacidad visionaria, el resultado de su acción espiritual puede ser prodigioso.

Porque según nos dice la autora de "Espejos", lo que en realidad ve cuando se inclina como enfermera hacia el enfermo, es su propio rostro. Y entonces lo que su gesto de ternura acoge es su propio desarraigo, su propia condición de ser sufriente, y quizás sea así, y en ese momento puro, cuando nace en ella su delicada fraternidad.

Te observo y te escucho en el silencio impuesto.
Mi palabra es la que tú no puedes pronunciar
Te presto mi voz…

¿Qué más se puede decir de esa inclinación hacia el otro, de ese hacerse cargo de lo más sagrado que hay en él, su voz, su palabra, para bellamente intuirla, repercutirla?

Solo la enfermera de vocación puede hacerlo pero solo la poeta puede dar cuenta de ese acto con exactitud, ese acto que es, a mi parecer, el acto poético por excelencia. Dar voz a quien nunca la tuvo o a quien ya no la tiene. Hablar por los desamparados o por los muertos.

Por otra parte surge en ella en momentos cruciales de su trabajo, cuando más en contacto está con los enfermos que van a morir o que han muerto, una pregunta esencial que es también una queja metafísica.

Miro a la muerte y me pregunto cuando
Quién y porqué

y esa pregunta, a mi parecer, no solo es provocada por la propia angustia de la finitud, sino por la verificación del triste destino de los enfermos que mueren sin la debida dignidad por falta de medios. Pues la poeta sabe bien que para que lo aparentemente absurdo de nuestra condición sea más llevadero y no roce el sin sentido, es una bella tarea humana no solo cuidar debidamente a los enfermos, sino también procurar que la muerte del hombre tenga dignidad espiritual para que este no se convierta en un desecho más del sistema materialista y esencialmente corrupto que denuncia la poeta.

Todos perdieron la existencia misma…
Todo abandono se transforma en crimen.
Los que mandaban se creyeron dioses.
……………………………………

Piensan que tienen el control de todo,
Siempre es suya la tierra que pisan
....

Han aprendido a matar en silencio.
Sin pegar tiros.
Y trepando...

Estar junto al lecho de un apestado, pues peste fue la Covid 19, con temblor e inquietud, pero también con un increíble aguante, y sobre todo con esa Piedad comparable a la que deseaba María Zambrano, les es dado a pocos. A nuestra poeta le ha sido dado. Eso no impide que la presencia constante del dolor, del horror, le pase factura, y se convierta a veces en pesadilla en su mente, en obsesión de Mater Dolorosa, por los pacientes a los que a veces no puede ayudar como ella quisiera.

Nunca duermo sola
mi cama es un lecho de sangre inerte
que gritan sus bocas.
Yo los recojo y escucho.
Los arropo y los calmo......
....
Nadie los nombra...

Y la constatación cotidiana de esa culpable negligencia lleva a la poeta no solo a un terrible pronóstico, también a una terrible profecía… que desdichadamente se cumplió.

Ríos de sangre llorará Madrid

Por lo tanto, a medida que lo vamos leyendo, nos damos cuenta de que más que un poemario al uso, "Espejos", con los lúcidos ojos de Gio Aguiló, su pluma severa y precisa como un bisturí y su sed de justicia, es una verdadera cartografía del desastre que sería descorazonador e incluso desesperante para ella, como para nosotros, si de vez en cuando la belleza, la amistad, o el amor no pusieran en la vida de la trabajadora, en su vida voluntariosa y comprometida de mujer de hoy, la suavidad o el aliento necesarios para darle la energía y el ánimo de seguir cumpliendo con sus altas tareas.

Puedo sentir tu mano
como firme asidero.
Tu abrazo acogedor
me devuelve mi fuerza.
………………
Te busco y ahí estás
recoges todo caos
mis miedos, mi cansancio
me escuchas y me alientas.

Y con estos versos consoladores voy a finalizar mi sucinto comentario en el que solo he dado cuenta de lo que más significativo me ha parecido a mí. Lo que muestra con fuerza el abandono y la negligencia, lo inhumano del sistema, pero también ese intercambio humano y transcendente que, a pesar de todas las dificultades, se instala entre la enfermera y sus enfermos y que permite dar sentido a la vivencia de todos ellos. Se trata para la poeta de una experiencia existencial de primer orden y para la persona moral de una experiencia trágica de la que su alma no sale indemne, pero Gio Aguiló consigue transformar su dolor no en descarga emocional sino en hecho estético, lo que hay que agradecer en sumo grado.

Estas palabras son solo, como lo digo en el título, un acercamiento. Tendría que haber leído y releído el poemario mil veces para hacer un comentario digno de él, pues bien lo merece, pero el tiempo escasea. Mi gratitud y mis mejores ánimos hacia una profesional en el más bello y simbólico sentido de la palabra. Y ya solo me queda unirme a su rebelde, bella y poética voz, que saca aún fuerzas para clamar desafiante:

Nosotros que fuimos
quienes cruzamos los brazos
para no aprender a matar…
queremos deciros

que a pesar de todo
seguimos en pie.

¡Buena travesía al poemario!

Daría Rolland Pérez
El 4 de noviembre de 2024

Conjugando artes

Yo escribo
Tú pintas
Él canta
Nosotras danzamos
Vosotras cuidáis
Aquellos
      rescatan
           su dignidad.

Némesis

Quisiera matar a la muerte que habita en mi alma, a esa cabeza calva, a esas cuencas sin ojos que miran y dan perspectiva y que pone en su sitio tantas cosas.

Quisiera matar a la muerte que me enseña los despojos de alma que habitan y caminan entre las calles bajo el sol, sobre la razón, que nadan en cinismo y se secan con el sudor de las conciencias que habitan esta vida.

Quisiera matar a la muerte que habita en los que tienen conciencia, que no la temen, que conviven con ella, que les cuenta que no son sublimes, que son mortales, que no pueden andar sobre la vida.

Quisiera regalar mi muerte para que todos la tengan, para que todos la vivan y con sus cuencas vean qué somos, en qué nos hemos convertido, pero cierro los ojos y me doy cuenta del timo: ya estamos muertos de vida.

Hiramm García

"Dejaréis de ser héroes cuando la gente no tenga miedo. Dejaréis de ser héroes cuando a los políticos les interese. Ahora sois carne de cañón, por eso os llaman héroes" José María Lloreda (escritor y pediatra, cita publicada en Twitter).

De repente nos volvimos los fantasmas de la nada,
ni héroes, ni muertos, sólo enfermos
que molestan al hablar,
los soldados que regresan nunca fueron bienvenidos,
es mejor que nos acallen,
no vaya a ser que expongamos
la realidad de los hechos.

Sars cov 2

"y la muerte del pueblo fue como siempre ha sido:
como si no muriera nadie, nada,
como si fueran piedras las que caen
sobre la tierra, o agua sobre el agua."

Pablo Neruda

Tengo ensayada la oquedad exacta,
pierdo la vida sin contar el tiempo,
trago y escupo la verdad oculta,
no me permito terminar ahora.

Ríos de sangre llorará Madrid,
no son bastantes.

Miro a la muerte y le pregunto cuándo,
quién y el porqué.

Piensan que tienen el control de todo,
sienten que es suya la tierra que pisan,
bajo sus botas, gargantas que hablaron,
muertos, enfermos y arruinados miles.

Han aprendido a matar en silencio,
sin pegar tiros.
Y trepando...

Spain Park (para frikis)

¡Han matado a Kenny!

¡Hijos de puta!

Vamos a seguir con los aplausos.

Baby boomers

"La vida es básicamente una estafa
y sus condiciones las de la derrota."
F. Scott Fitzgerald

Nosotros que fuimos
quienes cruzamos los brazos
por no aprender a matar.

Nosotros que fuimos
los que estudiamos carrera
para seguir siendo pobres.

Nosotros que fuimos
los que pagamos impuestos
para crear un país.

Nosotros que fuimos
los acallados en todo
a golpe de ley.

Nosotros que fuimos
los que cuidamos del mundo
a cambio de nada.

Nosotros que vemos
que a nadie importamos,
porque ya no somos jóvenes.

Queremos deciros
que a pesar de todo
seguimos en pie.

Anartria

Te observo y te escucho en el silencio impuesto.
Mi palabra es la que tú no puedes pronunciar.
Te presto mi voz.

Una noche cualquiera en cualquier lugar

Hace frío. No tengo suficientes mantas para todos. Los radiadores sin purgar resuenan tratando de calentar las estancias. Me pregunto si esto le quita el sueño a los de siempre, no puedo evitarlo, me indigna. Se ha ido la luz dos veces y el teléfono del control aún no funciona. Dos hojas de dos puertas de emergencia se han quedado atascadas. Ellos no lo saben. Mejor así, sobre todo por los más miedosos, ya están avisados en mantenimiento y subirán.

Sé quién tose, quién ronca y quién descansa en mitad de este silencio atronador. La mujer con Alzheimer se despierta aterrada, golpea la pared y todos acudimos a un tiempo por si acaso. La tomo del brazo y la acompaño al servicio mientras la calmo y le brindo seguridad. Ella es fácil, me preocupa más el hombre que está dando vueltas en su habitación y la señora delirante que se ha levantado peripatética con su soliloquio. Cada uno de ellos necesita algo de nosotros, un cuidado específico, una actitud terapéutica diferente. Voy escribiendo lo que hacemos con la esperanza de ser útil, de que algo cambie para ellos por pequeño que sea, aquí todo importa. A mí me importa. Aunque puedan despedirme en cualquier momento. Mañana, cuando regrese, veré nuevos tratamientos y pautas porque alguien a quien no veo ahora está en su silencio trabajando conmigo. Parece invisible pero no lo es en absoluto. Su acción y su sabiduría son la esperanza de todos.

De los que no pierden el sueño, esos que se cuelgan las medallas vacías y se atribuyen los méritos inexistentes y nos llaman mentirosos en los medios, esos que no se atreven a estar aquí porque se morirían de miedo pero que tienen la osadía de pagarnos con miseria, esos que nunca pasan frío por las noches, de esos prefiero no hablar...

Los ojos del mundo

"Se acumulan los cuerpos sin aire y yo...
yo los expondría a las puertas del
Congreso por comprobar si tienen conciencia"
Gio Aguiló, *Diario de una indignada*

Ojos abiertos, desolados, tristes,
gritan su rabia inconsolables, solos,
vierten el llanto de las vidas rotas,
rompen censuras.

Manos se aferran al trabajo duro,
sufren insomnio, pesadillas, miedo,
tienen grabados terrores mortales,
cientos por día.

Son los testigos peligrosos: hablan,
cuentan certezas del abuso oscuro
siempre escondido, genocida, vil.
Y los silencian.

Tantos perdieron la existencia misma...
Todo abandono se transforma en crimen,
los que mandaban se creyeron dioses.
En todo el mundo.

Muertos

Nunca duermo sola,
mi cama es lecho de la sangre inerte
que gritan sus bocas.
Me llaman desafiantes, reclaman su existencia.
Yo los recojo y escucho
los arropo y los calmo.
Exijo su justicia,
para que al fin, exhaustos,
duerman y me permitan descansar.

"El amor es la preocupación activa por la vida
y el crecimiento de lo que amamos."
E. Fromm

Siempre os llevo conmigo.
No me quedan más sueños.
Siempre sois mi alegría,
mi Pequeño Poema.

"Nombro los nombres de las cosas
que si se nombran duelen y computan."
Laura Gómez Recas

Todos los muertos tenían un nombre.
Madres, hermanos, parejas e hijos.
Todo empleado tenía su nombre.
Nadie los nombra.

Nombro el recurso que nunca llegó,
nombro al inepto que dijo mentiras,
nombro la angustia impotente en mi equipo.
Y en los de todos.

Nombro el teléfono inútil de urgencias,
nombro la puerta cerrada al auxilio,
nombro las manos de sucios Pilatos.
Nombro el silencio.

Dolor reumático

*"El poeta es un donante de sangre
al hospital de las palabras"*
Hiramm García.

Este sufrimiento impertinente
te atraviesa sin piedad hasta postrarte.
No soportas la impotencia que tortura
tu cabeza sometida a un cuerpo roto.

Preso de este tronco insostenible
planificas tu estrategia de batalla,
te mantienes funcional y exasperante
ante un buitre que vigila si te caes.

Has ganado muchas guerras.

Sigues siendo útil.

Nota: Este libro se llama Espejos. Si necesitas leer este
poema en primera persona o cambiar el género, hazlo. La
estructura permanecerá intacta pero más cerca de ti.

Segunda ola

A mi querida Beatriz Verdú, colega
y compañera de trinchera.

"I'm not afraid to die"
The great gig in the sky, Pink Floyd.

Es agosto y huele a marzo,
lo sabemos, compañera,
nadie tiene que decirlo,
su sombra nos atenaza
como un muro inexpugnable.
La tristeza, el desaliento
se ensañaron con la herida
que dejaron entreabierta
quienes no nos protegieron.
Cuánto duele ver el daño
que la ciencia nunca quiso,
hiere el recuerdo que evoca
la impotencia ante este crimen.
La mentira del silencio
que se impone desde arriba
se desborda incontrolable
mientras llenan las urgencias
y las uvis se saturan.

Somos carne de cañón.
Ahora sí lo sabemos.

Para Donato, el mago de los lápices

"La pintura es poesía muda; la poesía pintura ciega".
L. Da Vinci.

Lapiceros de colores
se deslizan por las hojas
procurando resolver
las pesquisas de sus mundos.

Vuelan raudos por la mente,
son estoicos, divertidos
y tan serios que se asustan
cuando observan su proeza.

Lapiceros de colores
que rescatan la alegría,
redefinen cada imagen
y devuelven la esperanza.

Entes solos y olvidados.
Tú los vuelves realidad.

Tercera ola

"Arrancadme la vida, pues soy un loco que desconoce la rendición y lucha por una bandera que no existe".
Rondo.

Voy vislumbrando escapatorias lúgubres
que mienten dándome falaces logros
y más batallas sin futuro cierto,
pero resisto.

Ya es mi costumbre la trinchera oculta
donde me muevo sigilosa y rápida
contra un sistema criminal y cruel
mas no me acabo.

Tengo asumida mi existencia extrema
siempre aferrada a mis amores vivos,
donde ya nada es importante salvo
seguir a flote.

A Daniel González Gámez,
Pepa La Miarma, adiós,
compañero de batallas.

Llevo un rato viendo tu canal,
cómo pelas las cebollas,
tu última actuación,
los chistes, las risas y tu imagen
en mi memoria todo formal
porque había entrado la enfermera
en ese templo de tu cocina.
No entendías que eras tú
quien se ganaba el respeto
de los que juegan duro en el mundo,
hasta que subiste al escenario
y nos hiciste bailar y cantar
a todos de mil maneras,
y tu bondad y tu ingenio
nos desbordaron por unas horas.

Y ahora que te esperábamos
para seguir con la lucha,
el bicho te arrebata la vida.

Demasiado joven,
demasiado fuerte,
para siempre viv@.

Engorda con La Pepa. Canal de cocina.
https://m.youtube.com/watch?v=YE_eI-A_nAA

Para Leo

Lúgubre el mundo al que llegas ahora,
Eres la luz que ilumina batallas,
Óleo dulce pintando alegría,
Naces y miro a tu madre feliz,
Ápex que impulsa su esfuerzo y su amor,
Ráfaga onírica, sueño de tantos,
Díselo al mundo, que vives con fuerza,
Órfico, lírico y calma de todo.

Dodoitsu para Nara

Naranjo en flor, paisaje,
Alegre amor evocas,
Risueña tu mirada,
Anuncias vida.

Coplas indignadas

Con sumo cariño a mi querido Miguel Ángel Yusta, maestro de la copla aragonesa.

Primera ola

Un caso o dos, nos decían,
que cerraban los colegios,
de mirar a Italia o China
no habían tenido tiempo.

Faltan pruebas, mascarillas,
el alcohol y hasta los guantes,
ellos dicen que hay de todo,
no son buenos sus contables.

Los ancianos perecieron,
les negaron ambulancias,
y a los sociosanitarios,
a mí me faltan palabras.

Sexta ola

Bulle el ruido de los buitres,
cuadran todo con patrañas,
a ellos les salen las cuentas,
a mí me faltan manzanas.

Tienen la desfachatez
de decir que es un catarro,
que se vengan a las ucis
y a ver muertos y enterrados.

Hay un montón de vacunas
que surten los comerciantes
pero la que nunca llega
es la intranasal de Enjuanes.

Aunque ninguno responde
aquí todos meten baza
si es el Simón o si el Illa,
si el Escudero o la Darias.

El personal sanitario
hace mucho que está enfermo,
los maltratan, no los cuidan,
poco a poco van cayendo.

Nos dicen que esta es la clave,
la nueva normalidad:
No hay derecho a estar enfermos,
sólo a ir a trabajar.

Pacis

*"Lo importante no es mantenerse
vivo sino mantenerse humano"*
George Orwell.

Tras tus gafas sonríes,
cómplice de mis dudas
y serena al rescate,
puedo sentir tu mano
como firme asidero.
Tu abrazo acogedor
me devuelve mi fuerza.

Mariae

Te busco y ahí estás,
recoges todo caos,
mis miedos, mi cansancio,
me escuchas y me alientas
para encontrar mi norte,
tu paciencia bendita
me rescata de nuevo.

A mi amadísima Carmen en respuesta a su danza y a su poema Pasión

"Pasión

Los compases se suceden y componen
un lenguaje que penetra mi cerebro
y rescata lo profundo de mi esencia.
Se transduce la emoción en movimientos
que dibujan en el aire una utopía.

Me vuelvo etérea y floto.

Puedo volar.

El mundo se acaba, quedamos tú y yo.
Y la danza.

Somos libres.
Estás bailando conmigo."

Carmen López.

Tú dibujas utopías,
esta es mi contestación:
Vivo tu luz, tu alegría,
movimiento hecho pasión
que te exhala por los poros
según suben el telón.
Te contemplo y te disfruto
y hasta lloro de emoción
porque sé qué estás sintiendo
y me elevas con tu don
y me olvido del entorno,
de la vida y del dolor,
puedo flotar y perderme
en tu ritmo, en tu fulgor.
Me rescatas de mí misma,
me devuelves al amor.
Eres mi Luna menguante,
mi cariño, mi ilusión,
eres mi bella sirena
con silueta de Canción.

Censores

*"Si no quieres que esto suceda, entonces silencia
mi lengua, paraliza mi boca, contén mi aliento en la
garganta e impide que hable"*
Ken Follet, *Los pilares de la Tierra.*

Egoístas que sugieren libertades
proclamadas por tiranos financieros,
dictadores que prolongan la tortura
de las gentes, de los pobres, de los solos,
que silencian tantos gritos necesarios,
tirotean la esperanza con codicia
y se jactan de salvarnos de sus garras.

Y llegó Daniel:

Decir Libertad y existir
Antes de quemar el destino.
Nombrarás el mundo de nuevo,
Inicio certero de todo.
Eres sobredosis de amor:
Latir, respirar, ser feliz.

Cuidar

"Y ojo, cuidar no es proteger.
Y proteger no es controlar.
Al igual que poner limites no es cohibir.
Amar se hace libremente.
Neurológicamente hablando el altruismo no existe,
pero sí existe el hacer algo desinteresadamente.
Elige cómo vivir"

Ayikro

Mujer cuyo nombre no pronuncio,
mujer presa
en cuerpo y silencio,
inerme, inmóvil y viva,
sé qué sientes tras tus ojos transparentes,
conozco tu dolor, tu grito y tu calma.
No me importa lo que digan,
ni que me miren o juzguen,
a quien no le guste,
que se calce tus zapatos
porque en este tiempo sólo nuestro
soy tus pies, tus manos y tu angustia.

Sé dónde está Jessica Hyde

"Vuestra sociedad violenta y caótica finge buscar la paz
pero lleva en su interior la guerra".
Jean Jaures

Tengo los tajos de tus armas torpes
siempre en mi tórax que conserva escrito
cada minuta del horror brutal,
soy tu utopía.

Dame el panfleto y volveré a quemarlo,
sal en la costra del juguete roto,
ya no guardamos esperanza alguna,
corta mi lengua.

Rabia, vacío, permanencia, muerte,
no es paradoja, pensador errante,
llámame infierno, desolado ser,
rompe este pulso.

Epílogo

Gio en estado puro, eso es Espejos. Aquí todos estamos reflejados, todos nos podemos mirar y podemos ver a todos los que ya no están, es el altavoz que todos hemos querido utilizar en algún momento, sobre todo en ese en el que ya no podíamos más con la injusticia, la mentira, la ineptitud, el abandono, la desinformación, la angustia y la muerte de propios y extraños y todo esto lo hace de la forma más bonita, con poesía, esa a la que da forma con su dolor e indignación, también con su ternura e inmenso amor hacia los indefensos, de todo ello nace este libro. Aquí grita por los que ya no tienen voz todo lo que muchos de nosotros hemos callado, es el orgullo de los que han sufrido, sufren y sufrirán porque Gio ama, cuida, cura cuerpos y almas, pero no olvida ni deja atrás a nadie, todos tienen cabida en su inmenso y tierno corazón.

Encarna Sánchez.
Compañera en la batalla…

Contenido